Finance 101 for Kids
Money Lessons Children Cannot Afford to Miss

アメリカの子どもが読んでいる

お金のしくみ

ウォルター・アンダル 著
木村満子 訳

ダイヤモンド社

FINANCE 101 FOR KIDS:

Money Lessons Children Cannot Afford to Miss

by

Walter Andal

大人たちへ

現金がなくても
クレカで買いものできる理由、
子どもに説明できますか？

ショッピングモールを散歩していたときのことだ。

当時9歳だった息子のアンジェロがゲーム店でニンテンドー3DS XLの巨大なディスプレーを見つけた。

「この新しいゲーム機を買ってください」と息子は私に行儀よく頼んできた。

「あいにく今はお金をあまり持っていないんだ」と私が答えると、息子は無邪気に言い返した。

「でもお父さん、お金は必要ないよ。クレジットカードを使えばいいじゃない！」

多くの小学生は、息子と同じように、クレジットカードで買いものをするのにお金は必要ないと思っている。

さらにアンケートをとってみると、中学生もその多くは、たとえ学校の成績は優秀な生徒であっても、貯蓄、クレジット、投資、金融については限られた知識しかないことがわかった。

大人は自分のお金を管理することの大切さを知っている。

予算を立てたり、ローンを申請したり、投資したりするときには金融の知識を使う。お金の使い方をまちがえると、自分の人生が大きく変わってしまうかもしれない。だから、金融の基礎を理解することは現代社会では絶対に欠かせない。

ところが、大人はお金がいかに大切であるかを知っていても、子どもたちが学校でしっかりと金融を学ぶ機会はめったにない。

小学校の家庭科や高校の数学の授業で金融についての概念は紹介されるが、ほとんどの子どもたちにとって、実際の金融の仕組みについての授業を受ける機会はない。

つまりクレジットカードの仕組みだけでなく、多額の借金や支払いの遅れが、暮らしにどのような影響を及ぼすかといったことは学校で勉強しない。

「金融とは何か」を学べるのは、大学で金融の講義を選択するほんの少しの学生だけだ。

私は一人の親として、できるだけ早期に子どもたちに金融を教える必要があると強く願う。

スポーツをすることによって忍耐力とチームワークが身につき、武術の練習によって自制心と規律が養われ、音楽と芸術によって創造性と自己表現が向上する。

同じように、若いうちに金融に関する教育とトレーニングを受けることで、お金に関する正しい考え方や使い方が身につく。

ネットショッピングが普及し、いつでも好きなものを好きなだけ購入できる現代では、巨額のローンに苦しめられたり、クレジットカードで多額の借金を負ったり、自分の支出をコントロールできなくなってしまう前に、子どものうちから、しっかりと金融の知識を身につけておく必要がある。

私の母は、私たち兄弟に、幼いころからお金の価値と貯蓄について教えてくれた。

母は私たち一人ひとりに自分用の預金口座を作ってくれて、毎週のおこづかいを節約した残りやプレゼントとして受け取ったお金をその口座に預けるように仕向けた。

母はまた、お金の使い方についても意識するように教えてくれた。

幼いうちから子どもたちにお金や金融の教育をすることは素晴らしいことだ。私の母を含め、そうしてきた大人たちに敬意を表したい。

一方で、まだこのような子どもへの教育を始めていない人も気まずく思う必要はない。子どもたちに金融を教えるのに決して遅すぎるということはないからだ。

ご自身の金融に関する知識について自信が持てなければ、少しの時間でもいい、金融の基礎を学び直すことにあてていただきたい。

そしてその知識をご自身のお子さんに伝えてほしい。

本書は、金融についての情報を楽しみながら学ぶために書かれている。

子どもたちに読んでもらいたいと思って書いたつもりだが、年齢にかかわらず、金融をゼロから学びたいという大人たちも本書の恩恵を受けることができるだろう。

本書は、子どもたちを、知ったかぶりの投資家やビジネス界の大物にするためのものではない（そうなればそうなったで素晴らしい成果だが）。

本書の主な目的は、子どもたちに基本的かつ重要な情報を提供し、それによって子どもたちがお金に関する責任感を育み、人生の早い段階で金融について賢い判断を下せるようになるのを助けることだ。

目次

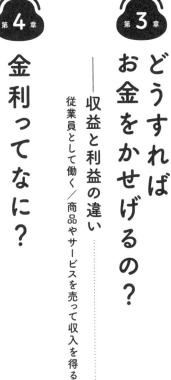

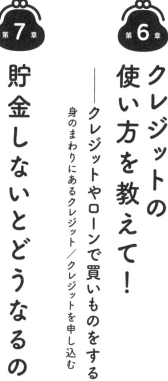

翻訳に際して、原著者の許諾を得た上で、
日本の金融制度にあわせて一部改編を行いました。

お金の授業を始めよう

こんにちは！　私はバッキンガム。

クラスの生徒たちは、私をバック先生と呼んでいる。

いつもは算数と歴史を教えているけれど、本当に好きなのは、君たちのような子どもたちにお金について教えることだ。


この授業では、君たちをお金の世界に案内しよう。

お金のことをもっと学んで、ためになる時間を過ごそう。

心配はいらないよ。授業は面白いからね。

実は、一番前の列に座っている5人の生徒たちが、この授業をより楽しくするためにお手伝いをしてくれるんだ。

ベン、ジョージ、アンドリュー、オリビア、そしてクロエに、まずお礼を言おう。

さあ準備はいいかい？

それでは楽しい授業を始めよう！

お金のしくみがわかれば、世界の見え方が変わる。

第1章

金融って一体なんだろう？

知ってるつもりで
実は複雑な
お金のしくみ

先生は**お金**について教えることが大好きだ。

なぜなら、お金には価値があって、役に立つからだ。

お金は私たちの毎日の生活の大切な一部になっている。

お金で、ビデオゲーム、洋服、本、それからスマホなどの**商品**を買うことができる。

たくさんの人が買いものを楽しんでいるだろう？

お金があれば、欲しい商品をたくさん買うことができるんだ。

買い物ってサイコーだね！

お金があれば**サービス**を受けることもできる。

大人たちは車を修理してもらうために修理屋に、庭の芝を刈ってもらうのに植木屋に、水もれを修理してもらうのに水道屋に、そして病気になったときに診察してもらうために病院にお金を払う。

子どもは知らないかもしれないけれど、家で使う電気、ケーブルテレビやインターネットサービスも、お金を払っているから使えるんだ。

お金を受け取ったときには、それを**使う**か、それとも将来のために全部または一部を**貯《た》める**かを選ぶことができる。

お金を使うことは、とくに、なくては困る商品やサービスを買うためならば決して悪いことではない。けれどもお金を貯めることもとても大切だ。

なぜなら、将来必要になるかもしれないお金のかかるもの、たとえば大学の授業料とか、自動車や家を買うための準備ができるからだ。

そしてもっと大切なことがある。お金を貯めていれば、思いがけない出費があったり、いつか緊急事態が起きたりしても、困らずに対処することができるんだ。

そんなに買い物して本当に大丈夫？　お金を貯めよう。

お金についてワクワクすることと言えば、正しいところにつぎ込めば増やすことができる、ということ。

これを**投資する**と言うんだ。

若い人もお年寄りも、だれでも自分の**貯金**を投資することができて、もっとたくさんのお金をもうけることができる。

お金を投資するのが早ければ早いほど、時間をかけて貯金を増やせるんだ。

さて、ここが大切なところだよ。

使うこと、貯めること、そして投資することのほかに、お金の力で世の中の人びとを助けられることを知っているかい？

お金を使って**チャリティー**（**慈善活動**）を支援して、だれかの生活をより良くする手助けができるんだ。

人を助けることができて、しかも価値のある活動を支えられるなんて、きっと誇らしい気分になるだろう。このことは後でくわしく説明しよう。

お金を使ってできる素晴らしいことはたくさんある。

だからほとんどの人はたくさんのお金を持つことを夢みるわけだ。

けれどもお金は簡単には手に入らない。

「お金のなる木はない」という言葉を聞いたことがあるかい？

それはつまり、木からリンゴをもぎ取るように簡単にはお金を手に入れることはできない、という意味だ。

人はお金を得るために働かなければならないからね。

お金のなる木はない。お金を得るのは簡単ではないんだ。

君たちのお父さん、お母さんは働いているかい？

ほとんどの大人たちは生活のために働いている。

普通は1日8時間、1週間に5日働くけれど、なかにはそれより長い時間働く人もいる。

お金をかせぐには、多くの時間、労力、そしてスキルが必要だ。

けれども、働くことで得られる喜びは、単にお金をもうけることより、はるかに大きいだろう。

なにかを作り出すこと、社会に貢献すること、面白いサービスを取り扱うこと、これらはすべて、仕事を持つことから得られる喜びなんだ。


けれど、お金を扱うときには、あまり良くない現実に向き合わなければならないこともある。

もしも自分がかせぐ金額以上のものやサービスを買ってしまうと、将来一文無しになってしまうかもしれない。

また、まちがった**投資対象**に貯めたお金をつぎ込んでしまったら、やはりお金をなくすことになる。

自分のお金を正しく管理して守らなければお金をなくしてしまう。

せっかく頑張ってかせいだお金をなくしたとき、とくに必要なものを買えなかったときには、大きなストレスを抱えてしまうことになるだろう。

どうしよう、お金がなくてなにも買えない！

お金をかせぐ方法とかせいだお金を管理する方法は、責任をもって学ばなければならないし、おろそかにすることはできない。

そしてまさにここで、**金融**の知識がとても役に立つことになる。

金融とは、簡単に言うとお金を管理する方法だ。

金融を学べば、いざ自分がどのようにお金をかせぐのかを決めるときに、良い選択ができるようになるだろう。

さらに大切なのは、お金のしくみを理解することによって、お金を使い、貯金し、そして投資するときにもっとかしこい判断ができるようになるということだ。


それではお金のしくみについて学んでいこう！

学ぶことはたくさんある。続きは次の章で。

この章で学んだこと

お金：商品やサービスの交換手段として、世の中で受け入れられているもの。

商品：目に見えて、触れることができる実際の品物。

サービス：ほかの人がしてくれる仕事や作業。

（お金を）使う：支払いまたは買いものに自分のお金を使うこと。

（お金を）貯める：将来使うためにお金を取っておくこと。

投資する：お金を増やすために、成長しそうな分野にお金をつぎ込むこと。

貯金：将来使うために取っておくお金。

チャリティー（慈善活動）：困っている人たちを助ける団体。

投資対象：将来収入を得られるだろう、または価値が上がるだろうと思って買うもの。

金融：お金を得て、管理して、使う方法。

第2章

どうして お金とモノを 交換できるの?

大昔に生まれた
人類最高の発明

お金というものができるよりも何千年も前、人びとは自給自足の生活を送っていた。小さな村で自分自身や子どもたちの世話をするシンプルな生活で、おもに狩りをすることによって生きのびてきた。

人びとは食べるものがなくなると別の場所に移動した。この時代にはお金は必要ではなかった。

お金が生まれる前、私たちの祖先は自給自足の暮らしをしていた。

時がたつにつれて、人びとは特別なスキルを身につけていった。

牛や豚、羊を育てることを学ぶ人もいた。

なかには野菜や穀物を植えて育てるのが得意な人もいた。

魚つりや大工仕事、山で金《きん》や宝石を掘りおこす技術やものづくりの技術をみがいた人たちもいた。

こうして人びとは何かを**専門に扱う**ことを学んだ。

つまり、本当に得意とする一つのことを選んだということだ。

専門に扱うものを持つことによって**生産する力**が高まり、その結果、必要とする以上のたくさんの商品が生産されるようになった。

専門に扱うものを持つことによって、人びとは自分では作れないもの、または自分ではできない仕事をおたがいに取引して得ようと思うようになった。

たとえば、農家の人は家を建てるために大工の助けを必要としただろうし、大工は食べものを得るのに農家の助けを必要としただろう。

取引はこうして始まったんだ。

けれどこのときにはまだ、紙幣やコインは使われていなかった。

その時代、人びとは**物々交換**をしていたんだ。

物々交換とは、お金を使わずに商品やサービスを交換することだ。

これは、ベースボールカードやゲームソフトの交換、または友だちとお弁当のおかずを交換することに似ている。

お金というものができる前に、農家の人は1頭の牛を2頭の豚と交換したり、大工は食料や道具をもらって、その代わりに納屋を建ててあげたりしていたんだ。

取引成立だね！

物々交換では、自分の持ちものやサービスを交換してくれる人を見つけることができればよいが、いつもそうとは限らない。

牛を飼っている人が、「自分の牛1頭の価値は、少なくとも豚2頭の価値と同じだ」と思っているとしよう。

それなのに、2頭の豚と交換してくれる豚の飼い主が見つからなかったらどうなるだろう?

もし豚の飼い主が小さな豚を1頭しか持っていなかったら、牛の飼い主は自分の牛を豚ではなくパンや道具と交換するだろうか?

おそらく牛の飼い主は、少なくとも牛1頭と同じ価値のものか、それ以上のものを見つけることができなければ交換しないだろう。

つまり、物々交換はいつもできるわけではない。取引したいものと同じ価値のものを見つけるのがむずかしい場合は成立しないんだ。

それじゃ交換できないよ！

さて、取引が広がるにつれて、人びとは金《きん》や銀のような貴金属など、多くの商品を取引することを学んだ。

なかでも金は、めずらしくて美しく、棒の形にすることができるので、取引の支払いに共通で使えるものとして受け入れられるようになったんだ。

ちなみに、金の価値はその重さによって決まった。

金が**交換の手段**として広く受け入れられたことで、取引はさかんになった。

取引に金を使うことには、それなりの欠点もある。

取引が大きくなると、取引する人はたくさんの重い金を運ばなければならなくなった。

農場や大きな船を買いたいときには、どれだけたくさんの金を持ち運ぶ必要があったか想像してみてごらん。

そこで解決策が生まれた。

取引する人は、自分たちの持っている金をほかの人たち、たとえば鍛冶屋《かじ》や銀行に保管してもらうほうが簡単だということに気づいた。

そして鍛冶屋と銀行は、預かった金の代わりに、どれだけの金が預けてあるかが書かれている**約束手形**を渡したんだ。

約束手形を持っている人は、今度はそれを銀行に持っていって金と交換するか、ほかの取引のために使うかを選ぶことができた。

それからどうなったと思う？

約束手形の価値は預けてある金の価値と同じだから、約束手形は町中のお店などで広く使われるようになっていったんだ。

取引する人たちは、このような約束手形を商品やサービスのための支払いとして受け入れた。

その結果、約束手形や紙のお金（1ドル札、5ドル札、20ドル札など）が、商品やサービスの取引にいつも使われる交換の手段になった。

コインは、最初は金や銀で作られていたけれど、すぐに銅やほかの金属が混じったものに変わった。

交換の手段としてお金を使えるようになると、
取引がさかんになった。

面白いことに、現在使われているお金はもう、その価値を金が支えているわけではないし、お金を印刷するために使われている紙そのものにもほとんど価値はない。

それでは、なぜ自分のお金にはまだ価値があるのか、と不思議に思うかもしれない。

お金の価値を保つために、**政府**はその価値を**保証**しなければならない。

保証とは、ある条件を守りましょうと約束すること。

今使われているお金の価値は政府によって保証されていて、人びとは政府の保証を信用している。

このようなシステム、つまり政府が保証して、人びとが政府を信用するというしくみが、お金の**安定**とお金の価値を守る働きをしているというわけなんだ。

この章で学んだこと

（何かを）専門に扱う：本当に得意なことを1つ選ぶこと。
生産する力：商品を作ったりサービスを与えたりできる力。
物々交換：お金を使わずに商品やサービスを交換すること。
交換の手段：取引をするために使えるもの。
取引：商品やサービスの売り買いをすること。
約束手形：持ち主にお金を払うことを約束する一枚の紙。
政府：国または社会をひきいる集団。
保証：ある条件を守りましょうという約束。
安定：強くて、変わったり失敗したりすることはあまりないだろうという状態。

第3章

どうすればお金をかせげるの？

収益と利益の違い

お金を得るためには**収入**が必要だ。

収入にはいろいろな形がある。

給料としてもらうこともある。**ビジネス**や投資からの利益として得ることもある。

ほかにも、友だちや家族からのプレゼントも収入だ。

それではいくつかのちがう形で得られる収入を見てみよう。

従業員として働く

お金をかせぐには、働かなければいけない。

ほとんどの大人は仕事をすることでお金をかせぐ。

会社のために働く人は**従業員**と呼ばれ、仕事を与える人は**雇い主**と呼ばれる。

雇い主は、個人、**会社**、または国の場合もある。

従業員は、雇い主のために働いた仕事に対して、お返しとして給料を受け取る。

従業員は給料を受け取って会社のために働く。

君たちのお父さん、お母さんはどんな仕事をしているのかな?

大人になったらやってみたい職業はあるかな?

仕事によっては、高い給料が払われるけれど、特定の学校を卒業することが必要だったり、訓練を受けなければならなかったりするかもしれない。

次の表は、アメリカの子どもたちが将来なってみたい職業のリストだ。

この表には、職業別の1年間の平均収入(年収)と、その職業につくために必要な学歴や訓練も書かれている。

アメリカの職業別推定年収（2015年）

職業	平均年収	必要な学歴と訓練
飛行機のパイロット	$101,852	大学卒とパイロット学校での訓練。そして多くのフライト経験
大工	$41,354	3〜4年の修業
コンピュータープログラマー	$58,436	短大または大学卒
歯科医師	$123,922	大学卒業後、4年間の歯科大学
医師	$138,248	大学卒業後、4年間の医科大学、そして少なくとも3年の研修
小学校の先生	$41,561	大学卒
電気技師	$70,675	大学卒
証券アナリスト	$56,469	大学卒
消防士	$43,915	短大または大学卒業後、消防学校での訓練
弁護士	$77,251	大学卒業後、3年間の法科大学院
警察官	$48,336	短大または大学卒業後、警察学校での訓練
看護師	$57,672	短大または大学卒

職業を選ぶとき、次のことを覚えておこう。

その仕事で得られる給料やその仕事にかかわる評判だけにとらわれてはいけない。

仕事の中身を楽しめるのかどうかも重要なんだ。

商品やサービスを売って収入を得る

君たちは自分のお店や会社、またはレストランをやっている人に会ったことがあるかい？

その人たちは、雇い主のために働くのではなくて、自分のために働くことによってお金をかせいでいる。

そういう人たちは**自営業者**または事業主と呼ばれ、自分のビジネスから**利益**を得ることによってお金をかせぐんだ。

自営業者は自分の商品やサービスを売って収入を得る。

利益は、すべての**収益**を足した合計から、すべての**経費**をさし引くことによって計算できる。

収益とは、商品やサービスを売るビジネスによってできた収入のことで、経費は、ビジネスをするために使ったお金だ。

経費には、商品を作るための材料、仕事に使う文房具やパソコン、コピー機などの設備、オフィスの家賃、そして従業員の給料の支払いに使われるお金などが含まれる。

利益を計算するための簡単な式は次のとおりだ。

利益＝収益－経費

収益の合計がすべての経費よりも大きければ、ビジネスは利益を出す。

自営業者の目標は、ほとんどの会社と同じように、高い利益を出し続けることだ。

利益を出せるビジネスとは、そのビジネスの持ち主がお金をもうけているということ。

利益はビジネスをさらに大きくし、広げることに使うことができる。

反対に経費が収益よりも多いと、ビジネスは**損失**を出す。

損失が出るということは、入ってくるお金よりも多くのお金が出ていくということ。

自営業者や会社のだれもが損失を出したくはない。

なぜなら、損失を出し続けてしまえば、ビジネスをやめなければならなくなってしまうこともあるからだ。

収益が経費を上回ると利益が出る。反対に経費が収益を上回ると損失が出る。

この章で学んだこと

収入：ほかの人から受け取ったお金。
給料：仕事やサービスをしてくれた人への支払い。
ビジネス：商品やサービスを売ることで収入を得るおこない。
従業員：お金をかせぐためにほかの人または組織のために働く人。
雇い主：仕事を与える人または組織。
会社：いっしょに働く人びとのグループでできている組織。会社は企業またはビジネスとも呼ばれる。
自営業者：自分の商品やサービスを売って収入を得る人。
利益：ビジネスに使ったお金よりも、ビジネスでかせいだお金のほうが多いことで得るお金。
収益：商品やサービスを売って得たお金。
経費：ビジネスをするために使ったお金。
損失：利益の反対。つまり収益よりも経費が多いこと。

第4章

金利ってなに？

銀行の役割と金利のしくみ

お金に働いてもらう

お金は、銀行に**預金する**と増やすことができる。

それは時間がたつとお金に**利子**がつくからだ。

利子とは、銀行がお金を預けた人に支払うお金のことで、銀行は預かったお金を使って自分たちのビジネスに投資をする。

言いかえれば、銀行に預金すると、そのお金が銀行のビジネスに使われるのを許すことになる。

だから銀行はお金を預けた人に利子を払ってくれるんだ。

利子ってすごいね！

利子の金額を計算するために、次の3つの数字を知る必要がある。

・最初に預けたお金の額。**元本**とも呼ばれる。

・**金利**。金利（1年間あたり）は、銀行が使わせてもらったお金に対して、それを預けた人に払うお金の割合で、パーセント（%）で表される。

・お金を銀行に預ける時間の長さ。**期間**とも呼ばれる。

これらの3つの数字をかけあわせると利子の金額になる。

利子＝元本（最初に預けたお金）×金利×期間（時間）

たとえば、ジョージが貯めた1000ドルを「セーブモア銀行」に預けたとしよう。この銀行は1年間預ければ3%の金利を払ってくれる。ジョージは3年間でどのくらいの利子をもらえるのだろう？

今学習した式を使うと、

利子＝1000ドル×3％×3年
＝90ドル

つまり、ジョージの1000ドルは、1年間で30ドル、3年間で90ドルかせぐんだ。

3年間で90ドルかせぐのは、たいしたことはないように思うかもしれない。

でも、もしジョージが貯めた1000ドルをベッドのマットレスの下においていたら、3年間でどれだけのお金をかせぐことができるだろう？

ゼロだ！

3年間で90ドルの利子をもらえるなんて、何もないよりはるかにすごい！

それでは、ジョージが銀行に預けるお金を増やしたら、どれだけの利子がもらえるかを考えてみよう。

最初に預けた金額の1000ドルに2つのゼロを足して合計10万ドルを預けるとする。

すると、ジョージがもらう3年分の利子は9000ドルになる（最初にもらった利子にゼロを2つ足すだけ）。

1年間あたり3000ドルもかせぐんだ！　すごくないかい？

元本が大きいほど、もらえる利子も大きくなる

[ジョージが1,000ドルを 3％の金利で3年間預金すると]

利子 ＝ 元本×金利×期間
＝ 1,000ドル×0.03×3年間
＝ 90ドル

⇓

ジョージは90ドルの利子をもらうことができる！

[ジョージが10万ドルを 3％の金利で3年間預金すると]

利子 ＝ 元本×金利×期間
＝ 100,000ドル×0.03×3年間
＝ 9,000ドル

⇓

ジョージは9,000ドルの利子をもらうことができる！

お金を管理し増やしていくためのカギは、少しのお金からはじめて、長期でかしこく増やす方法を学ぶこと。
小銭から始めても、想像できないほど大金になることだってある!

—デビー・フィールズ[1]

訳注1:アメリカで人気のクッキー会社、ミセスフィールズクッキー(Mrs. Fields)の創設者。

お金をほかの人のためにも役立てる

ほとんどの会社と同じように、銀行は利益を生むために働く。

銀行には**預金者**、つまり銀行にお金を預けているお客さんのお金があるので、それを別のお客さんに貸すことができる。

銀行は、お金を預けた人に利子を払うときの金利よりも、高い金利でお金を貸すことによって、お金をかせいでいるんだ。

バック先生、銀行はボクたちに利子を払ったら、
お金がなくなっちゃうんじゃないの？

銀行がどのように利益を生むのかを見てみよう。

たとえば、セーブモア銀行のお客さんの一人であるクロエが、自分のベーカリーの新しいオーブンを買うために1000ドルを借りたとする。

この場合、クロエが**借り手**になり、セーブモア銀行が**貸し手**になる。

セーブモア銀行は、ジョージが前に預けたお金を使って、クロエにお金を貸した。

銀行がクロエに1年に7%の利息を求めたら、3年間お金を借りたクロエはいくら払うことになるだろう？

その場合の利息は、前に利子の金額を計算したのと同じ式を使って、次のように計算できる。

利息＝1000ドル×7%×3年
＝210ドル

3年目の終わりに、クロエはセーブモア銀行に210ドルを払う。

この210ドルは銀行の収益だ。

それでは、銀行はこの簡単な取引からどれだけの利益を出しているのだろうか。

前に学習した利益の基本計算式を使ってみよう。

利益＝収益－経費
＝クロエから受け取る利息210ドル－ジョージに支払う利子90ドル
＝120ドル

この例は、預かったお金を使って銀行がどのようにお金をかせぐかを簡単に説明するものだ。

銀行は、お金を預けたり、お金を借りたりするたくさんのお客さんを抱えている。

たとえば、バンク・オブ・アメリカ[2]は、2014年時点で1・1兆ドル以上の預金を持ち、48億ドルもの利益を出したと自社のウェブサイトに発表している。

銀行がお金を預ける人に支払う金利や借りる人から受け取る金利は固定されていない。いろいろな理由で、金利は時間がたつにつれて変化する。

2000年には、お金を預けた人に最大5%の金利を払っていた銀行もあった。

これには、お金を借りなければならない人にとって、高い金利を払わなければいけないという良くない面もあった。

ただ、銀行がお金をもうけるためには仕方のないことではあったんだ。


ところが2014年には、銀行がお金を預けた人に払う金利は1%より低くなった。

そして銀行に預けたお金からの収入に頼っていた人びとは、金利が低くなったことでダメージを受けた。

いっぽうで、この低い金利はお金を借りなければならなかった人びとにとっては良いニュースだった。

家や車のような大きな買いもののためにお金を借りた人が銀行に払った利息は、15年前と比べて低かったからだ。

訳注2：アメリカ合衆国、ノースカロライナ州に本社を置くアメリカ4大銀行の1つ。

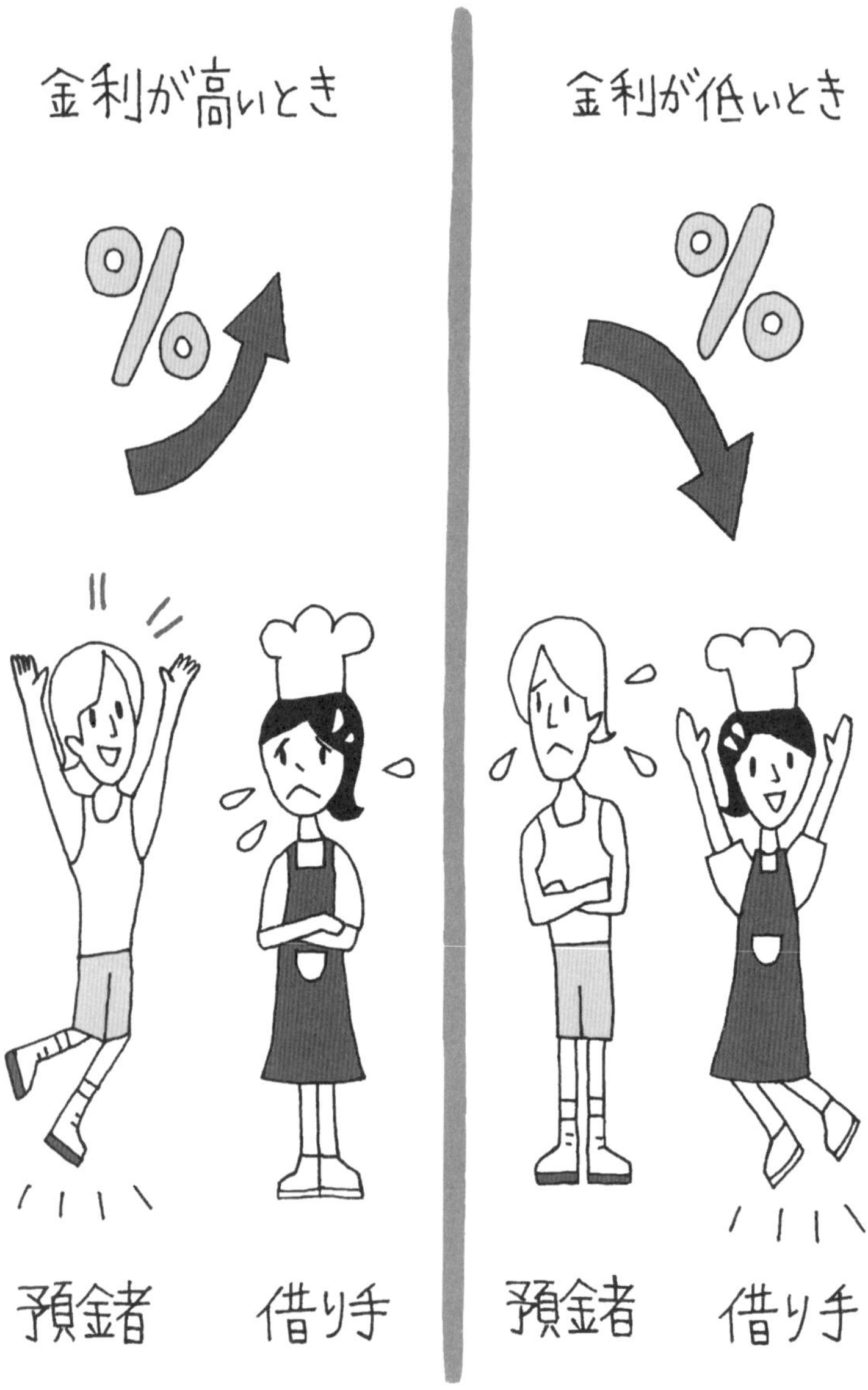

お金を預けるときは金利が高いほうがうれしい。
でも、お金を借りるときは金利が低いほうがうれしい。

この章で学んだこと

利子：銀行がお金を預けた人に対して払うお金。

預金する：銀行にお金を入れること。

元本：最初に預金または投資したお金の額。

金利：銀行がお金を使わせてもらうことに対して払うお金の割合。銀行がお金を貸すことに対して受け取るお金の割合。

期間：投資やお金を借りる（ローン）時間の長さ。

預金者：銀行にお金を預ける人または組織。

借り手：ほかの人のお金をある期間借りる人または組織。

貸し手：利益を得るためにある期間お金を貸す人または組織。

第5章

どうしてカードで買いものができるの？

クレジットのしくみ

クレジット（信用）とは？

お母さんがお金を使わずに食料品を買うのを見たことがあるかい？

レジでプラスチックのカードを通して、暗証番号を入力してから、食料品を持ってお店を出る。

お母さんは食料品をタダで手に入れたのだろうか？

うちのお母さんすごいの。
スーパーでお金を使わずに買いものできるの。
カードを通すだけなんだから！

まさか！　お母さんは**クレジット**と呼ばれるしくみを使って食料品を買ったんだ。

クレジットとは、借り手（この場合、お母さん）と貸し手（銀行やクレジットカード会社）の間の取り決めで、借り手はそのおかげで何か価値のあるものを手に入れ、そのためのお金をあとで払うことを約束する。

借り手はクレジットを使ってお金や商品、またはサービスを手に入れ、その手に入れたものをすぐに楽しむことができる。

しかもその支払いを遅らせることができるんだ。

ただし、クレジットの取り決めを通して得たお金や商品、そしてサービスの代金はすべて、将来のある時点で全額を払わなければならない。

また、支払い額は、元の値段よりも高くなる場合もある。

なぜなら、クレジットを使うと、借りたお金に対して貸し手が利息をつけるからだ。

クレジットを利用したサービスには様々なものがある。

たとえば、**クレジットカード**や自動車**ローン**、奨学金、**住宅ローン**などがある。

君たちは気づいていないかもしれないが、ガスや電気、水道、ケーブルテレビなどの会社も、クレジットでサービスを使わせてくれているのだ。

君たちの家で、電気をつけたり、トイレを流したり、ケーブルテレビで番組を見たり、インターネットやスマホを使ったりするたびにクレジットを利用している。

これらの会社はお父さんやお母さんを信用して、家族がこうしたサービスをすぐに使えるようにしてくれている。

そしてお父さん、お母さんは使った金額をあとで払っているんだ。

どうしてクレジットを使うの？
あとで返さなきゃいけないんでしょ？

クレジットの良いところ

クレジットを利用することにはたくさんの良い点がある。

十分な**現金**を持っていなくても、クレジットで必要なものや欲しいものを買えて、お金が手に入ったら**負債**（借金）を返せばいい。

クレジットを利用すれば、将来もらえるはずの収入をあてにしてお金を借りることもできる。

これは、家や車、大学の授業料といったお金のかかるものを買うときにとても頼りになる。

クレジットで家族のために家を買うことができる。

仕事に行くための車も買える。

そして学生は自分の夢をかなえるために大学に行くことができる。

現金を持たなくても、クレジットを利用して買いものができる。

クレジットのおかげで、便利で安全に買いものができる。

クレジットカードがあれば、とくに旅行に行くときなどに、たくさんの現金を持ち歩く必要はない。

クレジットカードを使えば、インターネットやスマホを通して商品やサービスを買うことができる。

貸し手から受け取る**クレジット利用明細書**は、お金をいくら使ったか、何に支払ったか、そしていくら借りているかの良い記録にもなる。

会社や政府は、成長して活動の範囲を広げるためにクレジットを利用する。

そうすれば、現金が足りなくても、必要なものや材料を買うためのお金を得ることができる。

会社は工場や設備、車のような大きな買いものをするためにクレジットを利用する。

そして利益を出してローンを返す。

政府は、新しい道路や橋、歩道、建物などの大きなプロジェクトの支払いにクレジットを利用する。

そして**税金**として集めたお金で借金を返すんだ。

税金とは、政府の大きなプロジェクトや公共サービス（警察、軍隊、公立学校、図書館、医療、公園など）の支払いのために、政府に払うお金のことだ。

クレジットのあまり良くないところ

クレジットは、多くの人びとの助けになる一方で、害になることもある。

忘れてはいけないのは、クレジットを利用して買ったものはすべて、将来のある時点で元の金額に利息をつけて返す必要があるということだ。

返さなければいけない日は決まっている。自分が返したいときに返せば良いというわけではなく、しめきりがある。

クレジットを正しく使わないと、借金が大きくなりすぎてどうしようもなくなってしまうこともあるんだ。

クレジットカードを使いすぎちゃったかな？

クレジットでお金を使うと利息を支払わなければいけないので、返すよりも先に利息で借金が膨れ上がっていく可能性がある。

お金を**使いすぎ**れば、借り手は支払いに追いつけなくなってしまうだろう。

借りたお金をしめきりまでに支払わないと、家や車などの大切な財産を失うはめにもなる。

だから、もし君たちがクレジットカードで買いものをして、決められた日までにすべてのお金を返さないと、深刻なお金のトラブルに巻き込まれてしまうかもしれないんだ。

借りたお金を返せないと、借り手は自分の評判を落とす。

お金を使いすぎ、クレジットをうまく管理できないせいで、家族との関係がくずれることもよくある。

国によっては、借金が返せないと刑務所行きになる。

多くの国では、自分では管理できないほどの負債を抱えた人は**破産**宣告されることもある。

破産とは、人または会社が借金を返せなくなることだ。

破産すると、返せない借金は**免除**され、それによって人または会社は、新たな人生を始めるチャンスをもらえる。

アメリカでは、破産の宣告は、州または国の裁判官によってだけ認められる。

だから、破産の宣告を認めてもらうには、裁判所に行かなければならない。

破産すればほとんどの借金がなくなるけれど、破産を宣告されればその後の人生が長いあいだ悪い影響を受け続けることになる。

破産は**信用情報**に記録されるので、新しくお金を借りることはむずかしくなるだろう。

また、破産の申し込みの手続きは、複雑でお金や時間がかかるので、学校や会社に行けなくなってしまうかもしれないし、家族とすごす時間も失ってしまう。

この章で学んだこと

クレジット（信用）：借り手が価値のあるものを手に入れて、将来貸し手に支払うことができるようにする取り決め。

クレジットカード：お金の借り手がクレジットを使って、商品やサービスを買えるようにする小さなプラスチックカード。

ローン：将来返すことを約束して借りるお金。

住宅ローン：家を買うために使われるローンの種類。

現金：紙やコインの形をしたお金。

負債：個人または会社が返さなければならない金額。借金。

クレジット利用明細書：過去1か月のクレジットの利用内容の記録をまとめたレポート。

税金：政府のプロジェクトや公共サービスの支払いに役立てるために政府に払うお金。

使いすぎ：必要以上のお金を使うこと。

破産：法律にしたがって、個人または会社が借金を返せないと宣告されること。

免除：借金の全部または一部を取り消すこと。

信用情報：個人の支払い履歴のまとめ。ふつうは、その人の信用の状態を評価するために使われる。

第6章

クレジットの使い方を教えて！

クレジットやローンで買いものをする

身のまわりにあるクレジット

君たちのような生徒がたぶん近い将来に使うだろう様々なクレジットを見てみよう。

❶ クレジットカード

クレジットカードは、銀行やほかの企業からお客さんに発行される小さなプラスチックカードだ。

このカードを使えば、持ち主（銀行からクレジットカードを使うことを許された人、ふつうはカードに名前が書かれている人）はクレジットで、商品やサービスを買うことができる。

銀行は、ビザやマスターカード、アメリカン・エキスプレスなどのクレジットカード会社と協力して、クレジットカードを使った買いものを処理する。

クレジットカードは世界中の何百万ものお店や企業で受け入れられているから、カードの持ち主は世界中でカードを使うことができるんだ。

ターゲット、シアーズ、ホーム・デポやメイシーズなどの大きな店舗やデパートでは、それぞれお店がクレジットカードを発行している。

お店発行のクレジットカードはふつうのクレジットカードと同じように使える。

お店発行のクレジットカードを使うと、常連のお客さんのために**割引**、**リベート**、そのほかポイントなどの特典をくれる場合がある。

クレジットカードで買いものをすると、翌月の決まった日までにすべてお金を返さなければいけない。

毎月クレジットカード会社から郵便またはメールで、クレジット利用明細書というものが届く。

これは、「使った金額」と「いつまでに支払わなければならないか」を知らせてくれるものだ。

すべての金額を、利用明細書が届いた日から、たいてい15日〜30日後までに支払わなければいけない。

ただし、カード会社と約束をすることで、一部を支払って、残りの支払いを翌月以降に先延ばしすることもできるんだ。

でも注意しないといけないのは、こんなふうに支払いを先延ばしにすると、利息が発生してしまうということ。

支払いを先延ばしにすると、クレジットカード会社は、1年で10〜24％[3]のとても高い利息を払うよう求めてくる。

買い物で使ったお金のほぼ4分の1も、利息としてさらに支払うことになるかもしれないんだ。

ということは、１００ドルの買いものが、利息がついて1年で最大１２４ドルになってしまう。

しかも、決められた日までにお金を払えないと、利息のほかに手数料も求められる。

こんなふうに利息や手数料まで加わってしまうと、もとの値段よりもはるかに高い買いものになってしまうんだ。

訳注3：日本では最大で年率20％の利息を求められる。

お父さん、499ドルのセールで新しいパソコンを買っても、
支払いを先延ばしにすると高い利息がついて、
1年後には618ドル以上も払うことになるかもしれないよ！

クレジットカードの持ち主は、クレジットカードを使って現金を引き出すこともできる。これを**キャッシングサービス**と呼ぶ。

キャッシングサービスは、クレジットカード会社から現金を借りるようなもので、ATMを通して現金を手に入れることができる。

カードの持ち主は、限度額までの現金を受け取ることができるんだ。けれども、これにかかる手数料と利息はとても高いので、キャッシングサービスを使うことはおすすめしない。

キャッシングサービスは緊急のときだけ使って、返せるお金が手に入ったらすぐに返そう。

クレジットカードを使うことは最悪の投資だ。
クレジットカードの利息は、株式投資で得られる利益よりも大きいのだから。

―マーク・キューバン[4]

訳注4：アメリカの投資家。プロバスケットボールチーム（NBAダラス・マーベリックス）のオーナーでもある。

❷ 奨学金

大学に行くことは自分のためにできるとてもかしこい決断のひとつだ。調査の結果によると、大学を卒業した人は、そうでない人よりも一生のうちにはるかに多くの収入を得ているからだ。

けれども、大学教育にはたくさんのお金がかかる。

とくに有名私立大学に通うのならなおさらだ。

大学に行くお金を払うために、多くの学生が**奨学金**を申し込む。

奨学金を使って、学校の授業料、教科書、パソコンや生活費を払うことができる。

奨学金の良いところは、学校を卒業するまで**返済**が始まらないことだ。

そのおかげで、学生でいる間は、支払いについて心配しないで勉強に集中できる。

ただし、奨学金で気をつけなければいけないこともある。

勉強したことが気に入らなくても、勉強したことが生かせる仕事に就けなくても、お金がなくて苦労していても、奨学金の借り入れをキャンセルしたりなかったことにしたりすることはできない。

だから、奨学金を申し込みたい学生は、合計いくら借りるか、そして長い間にわたってどうやって返済していくつもりかを真剣に考えなければいけない。

大学を卒業したとたんに借金地獄に陥りたくはないだろうからね。

こんなにたくさんの借金、
どうやって返済するんだい？

❸ 自動車ローン

大人になれば、自動車ローンを使って新しい車や中古車を買うことができる。

自動車ローンは、銀行、自動車メーカー、ときには自動車ディーラーが用意してくれる。これは1回だけのローンで、つまり、車を売る手続きを完了するために貸し手が1回だけお金を貸すことだ。

車を買う人はたいてい、**頭金**と呼ばれる自動車の値段の一部を最初にすぐ払わなければならない。

そして**残高**（頭金を払った残り）を、**分割払い**と呼ばれる方法で、毎月同じ金額ずつ返す。自動車ローンの期間は一番長くて10年。つまり、ローンとその利息を返すのに一番長くて10年間待ってもらえるということなんだ。

借り手は車をすぐに手に入れることができるけど、ほとんどの場合、ローンをすべて返すまで**車の所有権**は貸し手に残る。

所有者には購入時に、法律で車の所有者であることを認める権利書という正式な書類が送られるが、この書類は、借り手がローンを完済するまでは貸し手に残るということだ。

クレジットカードがあれば新しいゲームを買えるよね。
じゃあ、ボクたちもカードをもらいに銀行に行く?

クレジットを申し込む

クレジットカードやローンを申し込んでも、必ずその申し込みが認められるわけではない。

銀行は、ローンを返す能力があって返すつもりのある人を信用して申し込みを認めるんだ。

それでは、銀行はどうやってローンを申し込む人が良い借り手で、約束を守ってお金を返してくれるのかを見分けていると思う?

クレジットカードやローンの申し込みを認めてもらうためには、申し込み用紙のなかでお金の事情についていてたくさんの質問に答えなければならない。

銀行は借り手を信用できるかどうかを決めるときにいくつかのことを考えるが、ほとんどの銀行は、借り手の支払い能力が一番大事であると考える。

借り手の支払い能力

借り手の支払い能力とは、借り手のローンを返す力のことだ。

ローンを申し込むとき、銀行は借り手の収入や仕事がどれくらい安定しているか、ほかにいくつローンを抱えているか、そしてこれまでいくらぐらいローンを返したかを調べる。

安定した仕事（長く続いている、または続くと考えられる仕事）に就いていることと、たくさん収入があることは、借り手がローンを毎月返す力があることを表している。

借り手の信用評価や仕事が安定していないと、銀行は支払い履歴がよくて収入が多い人にローンの連帯保証人になるようお願いすることがある。

連帯保証人とは、借り手といっしょにローンの契約書にサインする人だ。

借り手が借金を返すのをやめてしまったときには、連帯保証人が代わりにローンを返さなければならない。

学生が奨学金を申し込むときには、たいてい連帯保証人が必要になる。

学生には支払い履歴や安定した収入がないので、貸し手はお父さんやお母さんに、連帯保証人としてローン申込書にサインするようにお願いすることがある。

そして、もし学生が大学を卒業したあとに毎月の支払いをしなかったら、貸し手はお父さんやお母さん、またはその他の連帯保証人からお金を返してもらおうとするんだ。

ローンを申し込むときに連帯保証人をつけるならば、とくに責任をもってローンを返さなければならないことを忘れないようにしよう。

毎月の支払いをしないと、君たちの評判が失われるだけでなく、君たちのために連帯保証人になってくれた人の評判まで失われてしまうだろう。

借り手がローンの返済をやめてしまうと、
連帯保証人が代わりに返済しなくてはいけなくなってしまう。

この章で学んだこと

お店発行のクレジットカード：デパートやスーパーマーケットなどの量販店が発行するクレジットカード。

割引：ふつうより安い値段で商品やサービスを売ること。

リベート：支払われたお金の一部を買い手に返すこと。

キャッシングサービス：クレジットカード会社から現金を借りること。

奨学金：勉強するために借りるお金。

返済：借りたお金を返すこと。

頭金：高額の商品やサービスをクレジットで買うときに、最初に支払わなければいけないまとまったお金。

残高：まだ返していない借りたお金。

分割払い：ローンを利用したときや、クレジットカードで買いものをしたときに、毎月一定の金額を支払うこと。

車の所有権：法律で認められた車の持ち主を示す権利。
借り手の支払い能力：ローンを返す力。
連帯保証人：借り手といっしょにローン契約書にサインする人。また、借り手がローンの支払いをやめてしまったときに代わりにローンを返さなければいけない人。

第7章

貯金しないとどうなるの？

予算を立ててみよう

どうして貯金する必要があるの？

この授業のはじめに、お金を貯めることは大切だと私が言ったのを覚えているかい。クレジットカードは簡単に手に入るし、ほとんどなんでもインターネットで買えるくらい便利な世の中だから、ショッピングは昔よりもはるかに簡単で魅力的になっている。

貯金をするべき理由はたくさんあるけれど、なかでも次の2つのことはお金を貯める大切さに気づかせてくれる。

❶ 大きな買いもののための準備

子どもなら、最新のスマホやタブレット、自転車、電動キックボード、またはスマートウォッチをクリスマスや誕生日のプレゼントとしてお願いしてもいいだろう。けれど、たとえもらったものが欲しいものでなくても、プレゼントをもらったらいつも感謝の気持ちをもつべきだ。

もしも本当に欲しいものがもらえなかったなら、お父さんやお母さんを助けるためにいくらかのお金を渡してその欲しいものを買ってもらうというのはどうだろう？

そのためには、君たちのおこづかいの一部や、誕生日やクリスマスにプレゼントとしてもらったお金の一部を貯めておくといい。

そうすれば、お父さんとお母さんは喜ぶにちがいない。

その欲しいものにあてるお金が多ければ多いほど、君たちが欲しいものを手に入れられるチャンスは大きくなるだろう。

大人になったら、もっと高額なものを買いたいと思う日がくるはずだ。

たとえば、通勤のための車や、家族のための家を欲しいと思うかもしれない。

あるいは、いつかもっと良い仕事につくために、大学院で勉強をしたり、特別な訓練を受けたり、または転職するためにもう一度学生に戻るかもしれない。

思い出に残るすてきな結婚式をしたいとか、大切な人といっしょに遠くまで旅をしたくなるかもしれない。

十分なお金があればこういったことすべてを実現できるだろう。


ほとんどの人は家や車などの高いものを買うときにはローンを申し込む。

そんなとき、頭金を用意しておくと、ローンの金利を低くすることができる。

銀行は、頭金をなるべく多く支払って欲しいと思っている。

頭金が多ければ、借り手がローンを返せないかもしれないという銀行の**リスク**が下がるからだ。

同じように借り手にとっても良いことがある。頭金をより多く支払うと、借りる金額が少なくなり、毎月の支払いを減らすことができるんだ。

頭金500ドルの場合
5年間、
毎月184ドルを
払います。
頭金2,500ドルの場合
5年間、
毎月145ドルを
払います。

ジョージは5年間、6%の利率で、1万ドルの自動車を買おうとしている。
頭金の金額がちがうと、毎月の支払いはこんなにもちがう。

❷ 緊急のときと思いがけない出費のための準備

よく言われるように、人生にはサプライズがつきものだ。
君たちはもちろん、うれしいサプライズは好きだろう。
でも、思いがけないときに、うれしくないサプライズもおこる。
自分の車がこわれて、大きな修理が必要になるかもしれない。
ペットの犬が病気になって、獣医にみてもらわなければならないかもしれない。
水道管が破裂して、家中が水浸しになるかもしれない。
親しい人のお葬式に参列するために飛行機のチケットを買う必要があるかもしれない。
予期せずに仕事をクビになることもあるだろう。

緊急のときや思いがけない出費があると、お財布に入っているお金では足りなくなるかもしれない。

でも、このようなときのためにお金を貯めておけば、うれしくないサプライズがあってもあわてることはない。

だからお金を貯めることはとても大切なんだ。

予算は貯金を助ける強い味方

近所のお店やインターネットで買えるものはたくさんある。選択肢がたくさんあるので、自分のお金をどのように使い、どれくらい将来のために貯金するかを決めるのはむずかしいだろう。

だから**予算**を立てて、自分のお金を管理するのに役立ててほしい。

予算とは、使うお金と貯めるお金の計画のこと。

予算を立てることは大切だ。

なぜなら予算はどれだけのお金を使うことができるのか、何に使うのか、そしてどのくらい貯金のために取っておけばいいのかが、よくわかるようになるからだ。

予算にあわせてお金を使えば、君たちは借金をしなくてすみ、**収入に見合った生活**ができる。

言いかえれば、予算をうまく立てることで、お金の使いすぎを防げるんだ。

予算を立てるとき、まず収入のすべてを並べて、それを合計する必要がある。

収入には、お父さんやお母さんからもらうおこづかい、仕事をして受け取るお金、そしてプレゼントとしてもらうお金が含まれる。

その次に、同じ期間のすべての支出（使ったお金の額）を並べてそれを合計する。

そして収入の合計から支出の合計を引くんだ。

寄付をした場合は、それも収入から引く。

残った数字がプラスなら、貯金しているということになる。

そうでなくマイナスなら、使いすぎということだ。

ベンの予算を例にとって、お金の管理の仕方を見てみよう。

ベンの予算

収入	・おこづかい	$25
	・おばあちゃんからのプレゼント	$5
	収入の合計	$30
支出	・お菓子	$15
	・飲みもの	$5
	・本	$3
	・えんぴつ	$1
	支出の合計	$24
	教会への寄付	$1
	貯金	$5

ベンの予算を見ると、お金を使いすぎてはいないことがわかる。

ベンは自分のお金を何に使うかをわかっている。

そしてなんと、5ドル貯金できたんだ！

ベンはうまく予算を立ててお金を管理しているということだ。

貯金に役立つ銀行のサービス

安全にお金をおいておこうと思ったら、おそらく銀行が一番良い場所だ。

銀行には、とてもきびしい警備のもとで、決められた人だけが開けることのできる耐火《たいか》金庫がある。

アメリカでは、銀行に預け入れられたお金にはFDIC（連邦預金保険公社）とよばれる政府機関によって、**保険**がかけられている。

そのため、銀行のお金がなくなってしまったり、盗まれたり、火事で焼けてしまったりしても、FDICを通じて25万ドルまで（1銀行につき）お金を取り戻すことができるようになっている。

お金を安全に守り、お金の管理をもっと便利にするために、銀行はいくつかの方法を提供している。

ではそれらを見てみよう。

❶ 普通預金口座

普通預金口座は、人や会社がおもにお金を貯めて守るために使う**預金口座**だ。

普通預金口座に預けたお金には少しの利子がつく。

銀行が開いているときはいつでも**お金を下ろす**こともできる。


ほとんどの人は普通預金口座を開くことができる。

幼い子どもに貯金することを教えるため、お父さんやお母さんが子どもの代わりに普通預金口座を開くこともある。

普通預金口座はお金をかしこく使うのに役に立つ。

銀行に預けたお金は、貯金箱に入れたお金と比べてそれほど簡単には使えないからね。

そして、お金は普通預金口座に預けている間に増える、ということも忘れないでおこう。

銀行が預かったお金をほかの人や会社に貸すことで、預けた人は利子をもらえるんだったよね。

❷ デビットカードとATM

デビットカードとATMカードは、普通預金からお金を引き出すための2つの便利なものだ。

デビットカードはクレジットカードと似ているが、クレジットカードとは違う。クレジットカードを使うときと同じように、デビットカードを使ってお店で商品を買うことができるが、デビットカードは普通預金口座に電子的につながっていて、使うたびにすぐに口座からお金が自動的に引き落とされる。

デビットカードは、普通預金口座にお金があれば使える。

ただ、クレジットカードとちがって、デビットカードで銀行から現金を借りることはできない。

君たちは小さいとき、ATMは魔法のようにお金をくれる機械だと思っていたかもしれない。

残念ながら、魔法のようにお金をくれる機械なんてないんだ。

ＡＴＭは、普通預金口座とデータをやりとりできるようになっている。

ＡＴＭからお金を引き出すことは、銀行の窓口でみんなの手伝いをしてくれる窓口係と呼ばれる人を通してお金を引き出すのと似ている。

ＡＴＭでは、人ではなく機械が取引をしてくれる。

ＡＴＭがあれば、いつでもどこでもお金を預けたり引き出したりすることができる。

でも銀行によっては、ＡＴＭを使うと手数料を取られるから気をつけて。

窓口かATMに行けば、お金を預けたり、引き出したりできる。

❸ 定期預金口座

定期預金口座は、普通預金口座に似ているけど、普通預金口座よりも多くの利子をもらえる。

定期預金には**満期日**がある。

満期日とは、銀行が君たちの預けたお金に利子を加えて返す日だ。

定期預金口座を作るときにはたいてい3か月から5年までの満期日を選ぶことができる。

もらえる利子はふつう、定期預金口座にお金を預ける期間が長いほど多くなるんだ。

銀行は、お金を預けた人が満期日までお金を引き出さないと約束する代わりに、定期預金口座に普通預金口座より高い金利をつけてくれる。

けれども、満期日より前にお金を引き出そうとすると、普通預金と同じ金利しかつけてもらえない。

貯金を管理するかしこい方法は、普通預金と定期預金に預けるお金のバランスを取ることだ。

この先何カ月か、または何年かのうちに大きな買いものをする予定がないならば、貯金の多くの部分を定期預金口座に入れ、より多くの利子をもらうのが良いだろう。

また、緊急のときや思いがけない出費のために、普通預金にもいくらかのお金を残しておくこともおすすめする。

この章で学んだこと

リスク：お金を失くすかもしれない可能性。

予算：決められた期間にどのくらいのお金を使い、どのくらい貯金するのかというお金の計画。

収入に見合った生活：商品を買ったりサービスを受けたりするときの支払いが、今の収入以上にならないようにすること。

保険をかけること：お金を失うことがないように保証すること。

預金口座：人または組織がお金を出し入れするための銀行との取り決め。

（お金を）下ろす：銀行からお金を引き出すこと。

デビットカード：普通預金口座から直接お金を引き出して買いものができるカード。

定期預金口座：普通預金口座よりも多くの利子をつけてもらえる預金口座だけれど、銀行からお金を引き出せる日が決まっている。

満期日：定期預金の引き出しが可能になる日。

第8章

インフレってなに？

値段が上がったり下がったりするしくみ

テレビでアナウンサーが経済という言葉を使うのを聞いたり、お父さんやお母さんが夕食のときに経済について話したりするのを聞いたことがあるだろう。

経済について何がそんなに重要なんだろう？

自分のお金と関係があるのだろうか？

経済とは、国や会社、個人などが限られた**資源**を使って、いかに商品やサービスを生み出すかだ。

国の経済が健全だということは、国が正しい判断をして、土地や材料、人、お金などの資源を使って、より多くの商品とサービスを生み出しているということだ。

国の経済が成長しているときはみんなが恩恵をうける。

なぜなら、そういうときはたくさんの仕事があって、会社はお金をもうけているからだ。

経済が弱っているときはその反対になる。

人びとは仕事を失い、会社は倒産するかもしれない。

経済が弱くなると、多くの人や会社は金銭的なダメージを受ける。

経済や人びとの生活に影響を与えそうな原因をくわしく見てみよう。

どうして先週よりもガソリンの値段が上がっているの?

需要と供給

ガソリンや食べものなどの値段はなぜ変わり続けるのだろう、と思ったことはないかい?

会社の経営者は売る商品やサービスの値段をいくらにすることもできるけれど、値段を決めるときに影響するのが、**需要**と**供給**だ。

需要とは、人びとが商品やサービスを欲しい、買いたいと思うことで、供給とは商品やサービスがどれだけあるか、またはどれだけ簡単に手に入れられるかということだ。

ふつう、需要が供給よりも多い状況を**不足**と呼び、不足によって値段は高くなる。

私たちは、どうしても必要なものや欲しいもの、とくに不足しているものに対して、より多くのお金を払ってでも買おうとする。

だから需要が多くなれば値段が上がるというわけだ。

逆に、みんなが欲しい、必要だと思う以上に商品が多いとき、つまり供給が需要よりも多いときには、**余剰**が出て、値段は下がる。

売り手は、値段を下げてでも買ってもらおうとすることが多いので、余剰が出ると価格が下がるわけだ。

需要と供給が同じなら、ほとんどの場合、値段はあまり変わらない。

需要＝供給

需要＞供給

需要＜供給

買いたい人が多ければ値段が上がり、
買いたい人が少なければ値段が下がる。

需要と供給の変化が値段にどう影響するのかいくつかの例を見てみよう。

・サッカーやバスケットボール、野球などのメジャーなスポーツの優勝決定戦を競技場で見たいと思うファン（需要）はたくさんいる。競技場の席の数は限られているので、チケットの数（供給）は決まっている。だから、チケットの値段は上がる。

・ｉＰｈｏｎｅの最新モデルが発売されると、多くの人が新しいモデルを買うため、古いモデルの需要は少なくなる。だからｉＰｈｏｎｅの古いモデルの値段は下がる。

・火事になればガソリン工場を閉めなければならなくなる。すると需要を満たすのに十分なガソリンが作られないため、ガソリンの供給が少なくなる。だからガソリンの値段が上がる。

・お天気が良いのでブドウが1年を通してたくさん育つ。そのため、人びとがふだん買うよりもたくさんのブドウがお店にならぶ。だからブドウの値段が下がる。

需要と供給についてよく知っていれば、お金を使うときに上手な選択ができる。

ある商品の需要がまだとても多いことがわかっているならば、需要が少なくなるのを待つことを考えてもいいだろう。そして後で値段が下がったときにそれを買えばいい。

たとえば、君たちがスマホを持っていて、新しいモデルが出ることを知ったとしよう。需要がとても多いときに、新しいスマホを一番高い値段で買う必要は本当にあるだろうか？　スマホを新しくするのは、本当に買い替えが必要になるまでもう少し待つことはできるだろうか？

映画を見るとしたら、チケットが昼間よりも高くてしかも混んでいる夜に行くかい？

需要と供給の意味を学べば、お金を貯めてかしこく買いものをするのに本当に役に立つはずだ。

インフレ

1975年に1ガロン（3・785リットル）の牛乳がいくらだったか知っているかい？

1・57ドルだったんだ。

それが1995年には2・41ドルで、2015年9月には3・39ドルにまでなった。

なぜ牛乳の値段は、何年もの間上がり続けるのだろう？

商品やサービスの値段は、**インフレ**のせいで上がる。

インフレがおこる理由はいくつかあるが、おもに供給は変わらずに需要だけが多くなるからだ。

たとえば、給料が増えたり、クレジットが簡単に得られたりすると、人びとはより多くのお金を持つことになる。

すると、より多くのお金を使うようになる。

ここで思い出してほしい。

需要が供給よりも多いと、値段は上がるんだ。

1975年、1995年、そして2015年9月時点のいろいろな商品の値段を見てみよう。

商品の値段はどのように変わっただろう？

商品	1975年	1995年	2015年
ガソリン1ガロン	$0.57	$1.15	$2.38
たまご1パック（12個）	$0.77	$1.16	$2.97
国内郵便切手	$0.13	$0.32	$0.49
新築の家の平均価格	$42,600	$158,700	$296,900

インフレがおこると、持っているお金で買えるものは減る。

たとえば、映画のチケットの値段が10％上がると、1年前に10ドルだったチケットは11ドルになる。

だから、同じ商品やサービスを買うには、もっと多くのお金が必要になってしまう。

家族が5人だとしたら、今年は映画を見に行くのに5ドル多く払わなければならない。

インフレを考えれば、貯金箱にすべてのお金を入れておくのはかしこいとは言えない。

貯金箱は、お金を普通預金口座に入れることができるまでの間、お金を節約するためだけに使おう。

お金が増えないところにお金を入れておくと、将来使おうとするとき、持っているお金の価値が下がっているかもしれない。

定年退職をむかえたお年寄りのように、年金などの毎月決まった収入で生活している人びとにとってもインフレはつらいことだ。

なぜなら、そういう人たちは、たいてい働いていたときよりも収入が少ないので、インフレが進んだときにはものを買う力も弱くなってしまう。

今持っている20ドルでは、１９９５年には買えた食料品の一部しか買えない。

インフレ率は毎年変わり、毎年１、２％のインフレは普通のことだ。

けれど１９７０年代と１９８０年代には、インフレ率が12％になったことがあった。

商品の値段が毎年12％も上がると、商品とサービスの値段は6年間で2倍になる。

もし、値段が毎年それだけ上がっていくと、持っているお金が6年間で半分の価値になってしまうということだ。

同じ20ドルでも、昔はたくさんのものが買えたんだ。

失業者数

失業者数は、自分たちの国の経済が健全であるかどうかを知るための大切なヒントだ。

アメリカ政府は毎週失業者の数を発表している。

失業者の数は、能力や働きたいと思う気持ちがあって仕事を探しているけれど、見つけることができない人の数だ。

失業者の数が多いと、仕事を探している人にとって仕事を得るチャンスはほんの少ししかない。

仕事のない人は、必要なものやサービスを手に入れるのがもっとむずかしくなる。

その結果、ものがあまり売れなくなり、会社の利益も少なくなり、そのせいでさらに仕事が減ってしまう。

こういうことは、経済が回復して良くなるまで繰り返し続くんだ。

お金の計画を立てるとき、仕事を失うかもしれないということをいつも考えておくようにしよう。

そして緊急のときのためにお金を取っておこう。

たくさんの借金を抱える人たちも、突然仕事を失うと崖っぷちに立たされる。

こうしたことは、収入に見合った生活をすることの大切さを思い出させてくれるだろう。

そして、将来の収入をあてにしてお金を返せると思っていても、クレジットカードを使いすぎないようにしなければならない。

ごめんね、でも君はお金を返せなくなったでしょ。
車は差し押さえるよ。

この章で学んだこと

経済：国が商品やサービスを生み出すために、（持っている）限られた資源を使っておこなう活動。

資源：商品やサービスを生み出すために使われるもの。材料、土地、お金、そして人など。

需要：商品やサービスを買いたいと思うこと。

供給：手に入れられる商品やサービスがあること。

不足：必要を満たすだけのものがない状態。需要が供給よりも多いときにおこる。

余剰：必要を満たしてもあまりがある状態。供給が需要よりも多いときにおこる。

インフレ：商品やサービスの値段が全体的に上がること。

失業者数：仕事を探しているけれど仕事を見つけることができない人の数。

第9章

どうして株でお金を増やせるの？

株式投資でお金が増えるしくみ

クロエが始めたベーカリー、カップケーキ・アベニューの話から始めよう。

クロエはカップケーキ・アベニューのただひとりの持ち主だ。

つまり、クロエは会社（お店）の100％を持っている。

クロエのカップケーキは大人気で、焼いたカップケーキは毎日売り切れになる。

お店を始めてからたった1年で、カップケーキ・アベニューは人気のベーカリーになった。

クロエはカップケーキ・アベニューのただ一人の持ち主だ。

カップケーキの需要が増えていくにつれて、クロエは注文に応えるために、もう2台オーブンを買う必要があることに気づいた。

セーブモア銀行でもう1回ローンを申し込むことを考えたが、利息は払いたくない。

そこで、代わりに2人の友だち、オリビアとベンに、「私のお店に投資して、いっしょにお店の持ち主にならない？」と声をかけた。

そして、オリビアとベンは、クロエが2台のオーブンを買うのを助けるために、それぞれ1000ドルずつを投資することにした。

クロエのお店に投資をすることで、オリビアとベンはそれぞれカップケーキ・アベニューの25％を所有することになる。

一方のクロエは、会社（の一部）を売ったとしても、まだカップケーキ・アベニューという会社の半分または50％を持っていることになる。

クロエがカップケーキ・アベニューの半分をベンとオリビアに売るとき、会社は4つの所有権または**株**に等分されることになる。

つまり、クロエはお店の50％にあたる2株（2株×25％）を持ち、ベンとオリビアはそれぞれ1株ずつを持つ。1株は25％の所有権を表している。

カップケーキ・アベニューの所有権は4つに分割された。
クロエが2株、ベンとオリビアが1株ずつ所有している。

その年の終わりには、カップケーキ・アベニューは300ドルの利益を上げた。

クロエ、ベン、オリビアは、利益の中から100ドルを使って材料をもっと買い、残りの200ドルを持ち主の間で分けることにした。

200ドルは4つに分けられ（クロエの会社の株は4つあるので）、1株ごとに50ドルを受け取ることになる。

クロエは会社の50%、つまり2株を持っているので、100ドルを受け取る。

ベンとオリビアはそれぞれ1株持っているので、50ドルずつ受け取るわけだ。

残った利益の200ドルを3人で分ける。2株持っているクロエは100ドル、1株持っているベンとオリビアは50ドルを受け取った。

何カ月かたって、ジョージはカップケーキ・アベニューの成功のニュースを聞いて、自分もカップケーキ・アベニューの持ち主の一人として会社に参加することに興味をもった。

そこでジョージはカップケーキ・アベニューの1株を1000ドルで買いたいと申し出たが、だれも受け入れなかった。

それで、ジョージは値段を1200ドルに上げた。

すると、オリビアはジョージの申し出を受け入れ、自分の1株をジョージに売ることにした。

オリビアがジョージに株を売り、
ジョージがカップケーキ・アベニューの25%の持ち主になった。

カップケーキ・アベニューはずっと利益を上げ続けている。
クロエ、ベン、そしてジョージはお店の成功をとてもよろこんでいる。

株式市場とは？

銀行に預けてお金を増やすほかに、お金を投資できるもうひとつの選択肢は**株式市場**だ。ときには証券取引所とも呼ばれる株式市場は、会社の株式を買ったり、売ったりできる場所だ。

株式（**株**）は、会社の一部で、取引することができる。

1株は、会社の所有権の一部を表している。株を買うと、その人はその会社の持ち主の一人になる。

株式市場がどのように機能するかは、カップケーキ・アベニューの例からわかるだろう。会社を大きくするためにお金が必要なとき、持ち主は会社の一部を**投資家**、つまり株式を買う人たちに売ることができる。

そして、このように株式を買った投資家は会社の共同持ち主になる。株式に投資する人は**株主**とも呼ばれる。

ベンとオリビアは、それぞれ1株を1000ドルで買ったときにカップケーキ・アベニューの株主になったんだ。

株式は世界中で取引されている。

アメリカのニューヨーク証券取引所（NYSE）はそういった証券取引所の中でも一番大きくて、およそ2800の会社の株式が取引されている。

個人の投資家は、**株式ブローカー**から株を買うことができる。

取引は株式ブローカーに電話するか、株式ブローカーのウェブサイトからオンラインで注文できる。

株式市場でお金をもうける

株式市場に投資すると、2つの違う方法でお金をかせぐことができる。

❶ 利益を分けあう

株主たちは会社の持ち主だ。会社が利益を上げていれば、株主はその利益を分け合うことができる。

カップケーキ・アベニューの例で見ると、この会社は、カップケーキを売りはじめて2年目に300ドルの利益を上げた。

そのなかで、クロエが株主に分けた200ドルの利益は、**配当**と呼ばれる。

❷ 株式の値上がり

会社が利益を出していて、この先もそれが続くと思えば、もっとたくさんの投資家がその会社の株を買うだろう。

株式の需要が多ければ、値段は上がる（需要と供給のしくみは覚えているね？）。

株式市場に投資するのは、株式を買ったときに払った値段より高く売るためだ。

カップケーキ・アベニューの場合、オリビアは自分の株式を、買ったときの1000ドルよりも200ドル高い1200ドルで売って利益をあげた。

たいてい、投資家が株式市場でもうけるお金のほとんどは、株の値上がりによるものだ。君たちもたぶん知っているいくつかの会社の株価が、2012年11月から2015年11月の間にどう変わったかを見てみよう。

3年間で株価はどのように変化しただろう?

会社名	2012年11月1日	2015年11月2日	株価の変化(%)
ハーシー[5]	$73	$88	21%
マテル[6]	$38	$25	-34%
マクドナルド	$87	$112	29%
マイクロソフト	$27	$53	96%
ナイキ	$49	$131	167%
ウォルトディズニー	$50	$115	130%

訳注5:ハーシーは、ハーシーズで有名なチョコレート製造会社。
訳注6:マテルは、バービー人形で有名なおもちゃ製造会社。

3年後の株価がどうなったかを見てほしい。

2012年にマクドナルドの株に1000ドルを投資していたら、3年後にはそのお金は1287ドルに増えていただろう。

2012年にナイキの株に1000ドルを投資したとしたら、2015年にはいくらになっただろう?

君たちの1000ドルは2673ドルになっていたはずだ。

すごくないか?

株式投資でお金を失わないために

株式市場は、投資家が正しくお金をもうけるための優れた手段だ。

けれど、株式市場への投資には高いリスクもある。

株価の表で、バービー人形やミニカーを作っている会社、マテルの株の値段をもう一度見てみよう。

この会社とそのおもちゃは人気があるが、株価は2012年の38ドルから、2015年

11月には25ドルに下がった。

つまり、2012年にマテルに1000ドルを投資していたら、そのお金は3年たったら657ドルに減っていたことになる。

利益を出していて、将来の成長も期待できるような会社なら、その会社の株価は上がる。

反対に、あまり利益を出していなかったり、ライバルにお客さんを取られてしまったりしているような会社だと、その会社の株価は下がる。

投資家はうまくいっていない会社を嫌うからだ。

株式を売る投資家が多いとき（供給が需要より多いとき）、その株価を下げようとする圧力が生まれ、値段は下がってしまうんだ。

株でお金を失わないためには、どうすればいいんですか？

株式への投資にはリスクがあって、お金をなくしてしまうかもしれない。

だから、どんな会社の株式に投資する場合でも、その前にその会社のことをたくさん調べることが必要だ。

その会社が何をしているのか、これまでにどのくらい利益や損失が出ているのか、そしてその会社の製品やサービスがどれくらい成功しているのかなどを勉強しよう。

また、ライバルはどこの会社か、ライバルに対してどのくらいの競争力があるのか、そしてその会社の製品とサービスがどれだけ期待でき、役に立つのかなども知るべきだ。

たいていの人は、成長を続けていて利益を出している会社にたくさん投資しようとするだろう。

ほかの人よりかしこくなくてもいい。でもほかの人よりもっとガマン強くなければいけない。

—ウォーレン・バフェット[7]

訳注7：アメリカの投資家で、経営者、資産家、そして慈善家でもある。

この章で学んだこと

株：会社の所有権（持ち主だという権利）の単位。
株式市場：上場会社の株式（株）を買ったり、売ったりするところ。
株式（**株**）：取引できる会社の一部。
投資家：利益が得られることを期待してお金を出す人。
株主：会社の株を1株以上持つ人または組織。
株式ブローカー：投資家のために株式を買ったり、売ったりすることを認められている会社または人。
配当：会社から株主に払われる利益の一部。

第10章

為替ってなんだろう？

外国とお金を
やり取りするしくみ

通貨とは？

通貨は、国または地域で使われているお金の種類だ。

世界には１９０以上の国があって、すべての国がそれぞれ自国の通貨を使っているか、ほかの国と共通する通貨を使っている。

アメリカで使われている通貨はアメリカドルと呼ばれる。

中国で使われている通貨は人民元、フィリピンの通貨はフィリピンペソと呼ばれている。

ヨーロッパでは、いくつかの国がユーロと呼ばれる1つの通貨を使うことに合意している。

ユーロ[8]を使っている国は、オーストリア、ベルギー、キプロス、エストニア、フィンランド、フランス、ドイツ、ギリシャ、アイルランド、イタリア、ラトビア、リトアニア、ルクセンブルク、マルタ、オランダ、ポルトガル、スロバキア、スロベニア、スペイン、クロアチアだ。

そのほかのヨーロッパの国、たとえばデンマーク、ポーランド、スウェーデン、イギリスなどは、ユーロではなくそれぞれ自国の通貨を使っている。

世界中には160種類以上の通貨がある。

けれども、どの通貨の価値もそれぞれ違う。

訳注8：2023年12月時点、20カ国がユーロを通貨として利用している。

それぞれの通貨にどれだけの価値があるかは、その通貨の需要と供給、それを使っている国や地域の経済の強さ、**政治の安定**などによって違う。

ドルをほかの通貨と交換してみよう

それぞれの通貨の価値は違うので、外国に旅行をするときには、自国の通貨を旅行先の国の通貨に替えなければならないだろう。

外国で商品やサービスを買うときに必要になるからだ。

ある通貨からほかの通貨に替えることは**外国為替《かわせ》**と呼ばれ、銀行や両替店、空港の両替所で通貨を交換できる。

それらの場所では、大きな掲示板に為替レート（通貨同士を交換するときの割合）が表示されている。

バック先生、ボクの靴のラベルには「中国製」って書いてあるけど、
ボクのお父さんはアメリカドルで給料をもらってるんだ。
通貨がちがう中国の商品をどうやって買うの？

次のステップは、必要な通貨がアメリカドルではいくらかを知るための手順だ。

ステップ1：いくらのアメリカドルを交換するのかを決める
ステップ2：欲しい通貨とアメリカドルの為替レートを調べる
ステップ3：交換するアメリカドルの金額にステップ2で調べた為替レートをかけて、欲しい通貨ではいくらになるかを計算する

ジョージはアメリカに住んでいて、仕事でフィリピンに行く予定だ。ジョージは200アメリカドルくらいの品物をフィリピンで買ってアメリカに持ち帰りたいと考えている。
ジョージがアメリカドルをフィリピンペソに替えるのを手伝おう。

外貨両替
通貨
USドル
レート
カナダ$
1.33
中国元
6.37
ユーロ
0.93
フィリピン
ペソ
47.17

ステップ1：いくらのアメリカドルを交換するのかを決める
「200ドルのアメリカドルを交換したい」

ステップ2：欲しい通貨とアメリカドルとの為替レートを調べる
「1ドルは、47・17フィリピンペソ」

ステップ3：交換したいアメリカドルの金額に、ステップ2で調べた為替レートをかけて、欲しい通貨ではいくらになるかを計算する
「200ドル×47・17＝9434フィリピンペソ」

だから、200アメリカドルで交換できるフィリピンペソは、9434ペソになる。

500アメリカドルをユーロに交換してみよう

ステップ1　**交換するアメリカドルの金額は？**

いくらのアメリカドルを交換するのか決める。

▶500ドル

⇓

ステップ2　**為替レートは？**

欲しい通貨とアメリカドルとの
為替レートを調べる。

▶1ドルは0.93ユーロ

⇓

ステップ3　**交換できるユーロの金額は？**

ステップ1で決めたアメリカドルの金額に、
ステップ2の為替レートをかける。

▶500ドル×0.93ユーロ＝465ユーロ

外国為替のそのほかの使われ方

外国為替は家族旅行や出張のときによく使われるが、じつは**国際貿易**でもっとたくさん使われている。

国際貿易とは、国と国の間で商品やサービスを取引することだ。輸送や通信の技術開発が大きく進んだため、今ではほとんどの国がほかの国とたくさんの商品やサービスを取引できるようになっている。

ほかの国から買った商品やサービスは**輸入品**と呼ばれ、ほかの国に売った商品やサービスは**輸出品**と呼ばれる。

2014年、アメリカはカナダから1190億ドル分の石油、中国から1300億ドル分の電子機器、日本から460億ドル分の自動車を買った。

これらの国から商品を買うときは、ドルをその国の通貨に替えなければならない。

同じように、ほかの国はアメリカから商品を輸入している。

2014年、カナダは510億ドル分のアメリカの車を輸入した。中国は140億ドル分の飛行機を買い、日本は40億ドル分の小麦やとうもろこしを輸入した。

アメリカの商品やサービスを買いたい国は、自分の国の通貨をアメリカドルに替えなければならない。

外国為替のおかげで、いろいろな国と簡単に貿易できるんだ。

この章で学んだこと

通貨：国または地域で使われているお金の種類。
政治の安定：強くて成功している政府があること。
外国為替：ある通貨からほかの通貨に替えること。
国際貿易：国と国の間の商品やサービスの取引。
輸入品：ほかの国から買った商品やサービス。
輸出品：ほかの国に売った商品やサービス。

お金の授業の最後に伝えたいこと

この授業を通して、お金を使ってできるいろいろなことを勉強した。

お金があれば商品やサービスを買うことができる。

将来のためにお金を貯めることもできるし、投資してお金を増やすこともできる。

または、チャリティー（慈善団体）にお金を寄付することだってできる。


君たちはお金を手に入れるのは簡単ではないことを学んだ。

ほとんどの人はお金をかせぐために働かなければならない。

だから、かせいだお金の一部をほかの人のためにあげるのは割に合わない、と思うかもしれない。

それでは、なぜお金を寄付することに価値があるのかを考えてみよう。

働いてお金を稼いだのに、どうしてチャリティーに寄付するの？

お金を分けあうことは意味のあることだ。というのは、社会のために寄付するお金でほかの人の生活を変えることができるからだ。

悲しいことに、この世界には君たちほど幸運ではない人がたくさんいる。でも、そういう人たちが幸せを感じたり、もっとよい暮らしをしたりするのを助けるために何かをすることはできる。

その方法の1つは、チャリティーにお金を寄付することだ。

チャリティーとは、困っている人たちを助ける組織だ。チャリティーにお金を寄付すると、そのお金はほかの人からもらったお金といっしょにチャリティーの活動を助けるために使われる。

ほんの少しのお金でも、なにかを変えることができる。とくにとても貧しい人たちを助けるために使われれば、こんなに有意義なことはない。

たとえば、1ドルのお金があれば、貧しい国の人が1年間きれいな水を飲むことができて、3ドルのお金なら、貧しい家の子どもたちが勉強するための本を買えるんだ。

1ドルあれば、貧しい国の人が1年間きれいな水を飲むことができる。
3ドルなら、貧しい家の子どもたちが本を買える。

2015年6月、アメリカの億万長者ウォーレン・バフェットは、チャリティーに28億ドルのお金を寄付した。

これで、バフェットがチャリティーに寄付したお金の合計は230億ドルにもなった。

このお金でどれだけたくさんの本、食べもの、きれいな水を買うことができるか想像してみよう。

バフェットは大金持ちだから何十億ドルものお金を寄付できるんだよ、と君たちは言うかもしれない。

たしかに、バフェットは大富豪だけど、大金持ちでなくても寄付はできる。

だれだって、いつでもほんの少しのお金から始めることができるんだ。

まだお金をかせいでいないうちは、お金でないものを寄付することもできる。

チャリティーによっては、おもちゃ、本、缶詰、文房具、中古テレビや古着なども受け入れている。

そうして寄付されたものは、必要としている人たちに配られたり、お金を集めるために売ったりされる。

君たちの寄付は、たとえ小さくても、ほかの人からの寄付といっしょになると大きな力になるんだ。

そのことを覚えておこう。

チャリティーにお金を寄付することは、人に言われてするものではない。人にお金をあげなさいと命令する法律やルールもない。でも、義務ではなくても、人はいろいろな理由で自分たちの持つ価値あるものをほかの人と分かちあい続ける。

自分が正しいことに貢献していると知って気分がよくなる人もいる。

貧しい人たちを助けて健康状態を良くしたり、奨学金を用意したり、病気の研究のためのお金を出したりといった活動に、積極的にかかわりたいと考えている人もいる。

信仰のためにお金を寄付する人もいる。

寄付をすると、払わなければいけない税金を少なくできるから、税金を減らすために寄付する人もいる。

このように、寄付する理由は人によって違うけれど、寄付したお金やものは、その人が選んだチャリティーの活動を大いに助けることになる。

バフェットと同じくらいたくさんのお金をチャリティーに寄付しなさいと言っているのではない。

先生の願いは、君たちがたくさん勉強して、たくさん働き、そして大人になったときにもっとたくさんのお金をかせぎたいと思うようになってくれることだ。

そうすれば、君たちと君たちの家族が、働いてかせいだお金で人生を楽しみつつ、ほかの人にももっと多くのものを与え、もっと助けることができるだろう。

この授業で君たちは、お金がどれだけ大切か、どのようにお金をかせぐことができるか、そしてどのように使うことができるかを勉強した。

お金で何をするかは100パーセント自分自身が決めることだ。

そして最後に君たちに伝えたい。

何よりも大切なのは、見栄えや気分を良くするために買った商品やサービスではなく、もっと素敵でもっとかしこい人になるためにお金をどう使ったかだ。

お金の授業はこれでおしまい。次の学期にまた会おう！

-"New Residential Sales in September 2015." ***Census.gov***. Accessed October 30, 2015. http://www.census.gov/construction/nrs/pdf/newressales.pdf.

-"New York Stock Exchange: Company Listings." ***Advfn.com***. Accessed October 31, 2015. http://www.advfn.com/nyse/newyorkstockexchange.asp.

Northwestern Mutual. "What is the Stock Market?" Accessed July 20, 2015. http://www.themint.org/kids/what-is-the-stock-market.html.

-"Top US Exports to the World." ***Worldsrichestcountries.com***. Accessed October 18, 2015. http://www.worldsrichestcountries.com/top_us_exports.html.

-"Top US Imports from the World." ***Worldrichestcountries.com***. Accessed October 18, 2015. http://www.worldsrichestcountries.com/top_us_imports.html.

-United States Postal Service. "Forever Stamp Prices Unchanged." January 15, 2015. Accessed July 28, 2015. http://about.usps.com/news/national-releases/2015/pr15_004.htm.

-"Value Investing Explained In 7 Quotes: Value Investing, Done Well, Can Make You Wealthy." ***The Motley Foo***l. Accessed October 31, 2015. http://www.fool.com/investing/value/2014/07/29/value-investing-explained-in-7-quotes.aspx.

-"What Is the Most Important 'C' in the Five Cs of Credit?" ***Investopedia.com***. Accessed September 20, 2015. http://www.investopedia.com/ask/answers/040115/what-most-important-c-five-cs-credit.asp.

-"What Is the Difference Between the Five Cs of Credit and Credit Rating?" ***Investopedia***.com. Accessed September 20, 2015. http://www.investopedia.com/ask/answers/033015/what-difference-between-five-cs-credit-and-credit-rating.asp.

-"Job Index (United States)." ***Payscale.com***. Accessed November 7, 2015. http://www.payscale.com/index/US/Job.

-Kane, Libby. "What 9 Successful People Wish They'd Known About Money In Their 20s." ***BusinessInsider.com***., September 8, 2014. Accessed October 24, 2014. http://www.businessinsider.com/what-ceos-wish-they-knew-about-money-2014-9?op=1#ixzz3E18B22FF.

-Kapoor, Jack R., Les R. Dlabay and Robert Hughes. ***Personal Finance***. New York: McGraw-Hill Irwin, 2012.

-Kellaher, Karen. "Kid's Economic Glossary." ***Scholastic.com***, February 2, 2008. Accessed September 26, 2015. http://www.scholastic.com/browse/article.jsp?id=3750579.

-Korkki, Phyllis. "Why Do People Donate to Charity." Bostonglobe.com. December 22, 2013. Accessed August 7, 2015. https://www.bostonglobe.com/business/2013/12/22/nonprofits-seek-understand-why-people-give-charity/72b4B2kbKiXqNzxnQbKAtO/story.html.

-M&T Bank. "Understanding the 5 C's of Credit." Accessed September 20, 2015. https://www.mtb.com/business/businessresourcecenter/Pages/FiveC.aspx.

-McWhorter Sember JD, Brette. ***The Everything Kids' Money Book.*** Massachusetts: Adams Media, 2008.

-Melicher, Ronald W., and Edgar A. Norton. ***Introduction to Finance Markets, Investments, and Financial Management***. New Jersey: John Wiley & Sons, Inc., 2011.

-Morrell, Alex. "Buffet Donates $2.8 Billion, Breaks Personal Giving Record." ***Forbes.com***. July 15, 2014. Accessed October 31, 2015. http://www.forbes.com/sites/alexmorrell/2014/07/15/buffett-donates-2-8-billion-breaks-personal-giving-record/.

-Bureau of Labor Statistics. "May 2014 National Occupational Employment and Wage Estimates United States." Accessed October 30, 2015. http://www.bls.gov/oes/current/oes_nat.htm.

-"Charitable Impact Calculator." ***Thelifeyoucansave.org***. Accessed October 31, 2015. http://www.thelifeyoucansave.org/Impact-Calculator.

-CNN. "Markets." Accessed November 12, 2015. http://money.cnn.com/data/markets/.

-"Credit Education: The Devastating Effects of Bankruptcy." ***Lexingtonlaw.com***. December 9, 2010. Accessed December 7, 2014. https://www.lexingtonlaw.com/blog/bankruptcy/devastating-effects-bankruptcy.html.

-Federal Deposit Insurance Corporation. "Understanding Deposit Insurance." Accessed January 27, 2015. https://www. fdic.gov/deposit/deposits/.

-Furgang, Kathy. ***Kids Everything Money: A Wealth of Facts, Photos, and Fun***. Washington DC: National Geographic Society, 2013.

-Godfrey, Neale S. ***Ultimate Kids' Money Book.*** New York: Simon & Schuster, 1998.

-Gower, John. "Savings 101: What is a CD (Certificate of Deposit)?" ***Nerdwallet.com***. Accessed September 26, 2015. https://www.nerdwallet.com/blog/banking/savings-101-cd-certificate-deposit/.

-Grabianowski, Ed. "How Currency Works." ***Howstuffworks.com***, September 2, 2003. Accessed August 2, 2015. http://money.howstuffworks.com/currency.htm.

-Grosvenor Jr., Charles R. "Prices in the Seventies." ***Inthe70s.com***. Accessed July 22, 2015. http://www.inthe70s.com/prices.shtml.

-"How Many Countries Are in the World?" ***Worldatlas.com***. Accessed July 9, 2015. http://www.worldatlas.com/nations.htm.

-"10 Reasons Why You Should Save Money (Even When Borrowing Is Cheap and Easy)." ***Mymoneycoach.com***. Accessed September 22, 2015. http://www.mymoneycoach.ca/saving-money/why-save-money.

-"1975 Economy/Prices." ***1970sFlashback.com.*** Accessed July 28, 2015. http://www.1970sflashback.com/1975/Economy.asp.

-"1995 Economy/Prices." ***1990sflashback***. Accessed August 2, 2015. http://www.1990sflashback.com/1995/Economy.asp.

-Asmundson, Irena, and Ceyda Oner. "What Is Money?" ***Finance & Development***, Vol. 49, No. 3, September 2012. Accessed August 2, 2015. http://www.imf.org/external/pubs/ft/fandd/2012/09/basics.htm.

-"Average Salaries for Americans-Median Salaries for Common Jobs." Foxbusiness.com. July 9, 2015. Accessed November 1, 2015. http://www.foxbusiness.com/personal-finance/2015/07/09/average-salaries-for-americans-median-salaries-for-common-jobs/.

-Bank of America. "Annual Reports & Proxy Statements." Accessed October 30, 2015. http://investor.bankofamerica.com/phoenix.zhtml?c=71595&p=irol-reports annual#fbid=dSyS8TA3bAB.

-Biedenweg Ph. D, Karl. ***Basic Economics***. Illinois: Mark Twain Media, Inc., 1999.

-Biedenweg Ph. D, Karl. ***Personal Finance***. North Carolina: Mark Twain Media, Inc., 1999.

-Bloomberg. "Markets Cross Rates" Accessed November 15, 2015. http://www.bloomberg.com/markets/currencies/cross-rates.

-Bureau of Labor Statistics. "Average Retail Food and Energy Prices, U.S. and Midwest Region." Accessed October 30, 2015. http://www.bls.gov/regions/mid-atlantic/data/AverageRetailFoodAndEnergyPrices_USandMidwest_Table.htm.

[著者]
ウォルター・アンダル（Walter Andal）
カリフォルニア州のラ・バーン大学で国際金融を専攻し、経営学修士号を取得。アテネオ・デ・マニラ大学で経営経済学の学士号を取得。25年以上にわたって、保険、銀行、不動産、ヘルスケアの分野で職務を経験した。4人の子どもたちを賢く、責任感を持ってお金を管理できる人に育てたいと強く願うものの、学校ではその教育機会がほとんどないことを目の当たりにし、本書を刊行した。

[訳者]
木村満子（きむら・みつこ）
東京都出身。アメリカの大学を卒業後、東京と香港で25年間外資系金融機関にてさまざまなポジションを経験。コロナ禍を機にBABEL UNIVERSITY Professional School of Translationにて金融翻訳を学ぶ。2022年、早期引退しアメリカに移住。現在はラスベガス在住。

アメリカの子どもが読んでいる
お金のしくみ

2024年1月30日　第1刷発行

著　者——ウォルター・アンダル
訳　者——木村満子
発行所——ダイヤモンド社
〒150-8409　東京都渋谷区神宮前6-12-17
https://www.diamond.co.jp/
電話／03･5778･7233（編集）　03･5778･7240（販売）
ブックデザイン—小口翔平＋村上佑佳（tobufune）
イラストレーション—平尾直子
校正————LIBERO
製作進行———ダイヤモンド・グラフィック社
印刷————勇進印刷
製本————ブックアート
編集担当———斉藤俊太朗

ISBN 978-4-478-11864-1